KB244546

동화로 만나는 부처님 이야기
보리수 아래

올리버에게 - 데보라 홉킨슨
아빠에게 - 카일리 위트먼

동화로 만나는 부처님 이야기
보리수아래

2019년 2월 18일 초판 1쇄 발행

지은이 데보라 홉킨슨 • 그린이 카일리 위트먼 • 옮긴이 김미선
발행인 박상근(至弘) • 편집인 류지호 • 상무 이영철
책임편집 이상근 • 편집 김선경, 양동민, 주성원, 김재호, 김소영
디자인 쿠담디자인 • 제작 김명환 • 마케팅 허성국, 김대현, 최창호, 양민호 • 관리 윤정안
펴낸 곳 불광출판사 (03150) 서울시 종로구 우정국로 45-13, 3층
　　　　대표전화 02) 420-3200 편집부 02) 420-3300 팩시밀리 02) 420-3400
　　　　출판등록 제300-2009-130호(1979. 10. 10.)

ISBN 978-89-7479-495-8 (77220)

값 12,000원

이 도서의 국립중앙도서관 출판예정도서목록(CIP)은 서지정보유통지원시스템 홈페이지(http://seoji.nl.go.kr)와
국가자료공동목록시스템(http://www.nl.go.kr/kolisnet)에서 이용하실 수 있습니다. (CIP제어번호: CIP2019001495)

잘못된 책은 구입하신 서점에서 바꾸어 드립니다.
독자의 의견을 기다립니다. www.bulkwang.co.kr
불광출판사는 (주)불광미디어의 단행본 브랜드입니다.

동화로 만나는 부처님 이야기

보리수 아래

Under the Bodhi Tree

데보라 홉킨슨(Deborah Hopkinson) 지음 | 카일리 위트먼(Kailey Whitman) 그림 | 김미선 옮김

불광출판사

옛날 옛날,
저 머나먼 어느 곳에서
한 사내아이가 태어났어요.

아기의 이름은 싯다르타 왕자였지요.

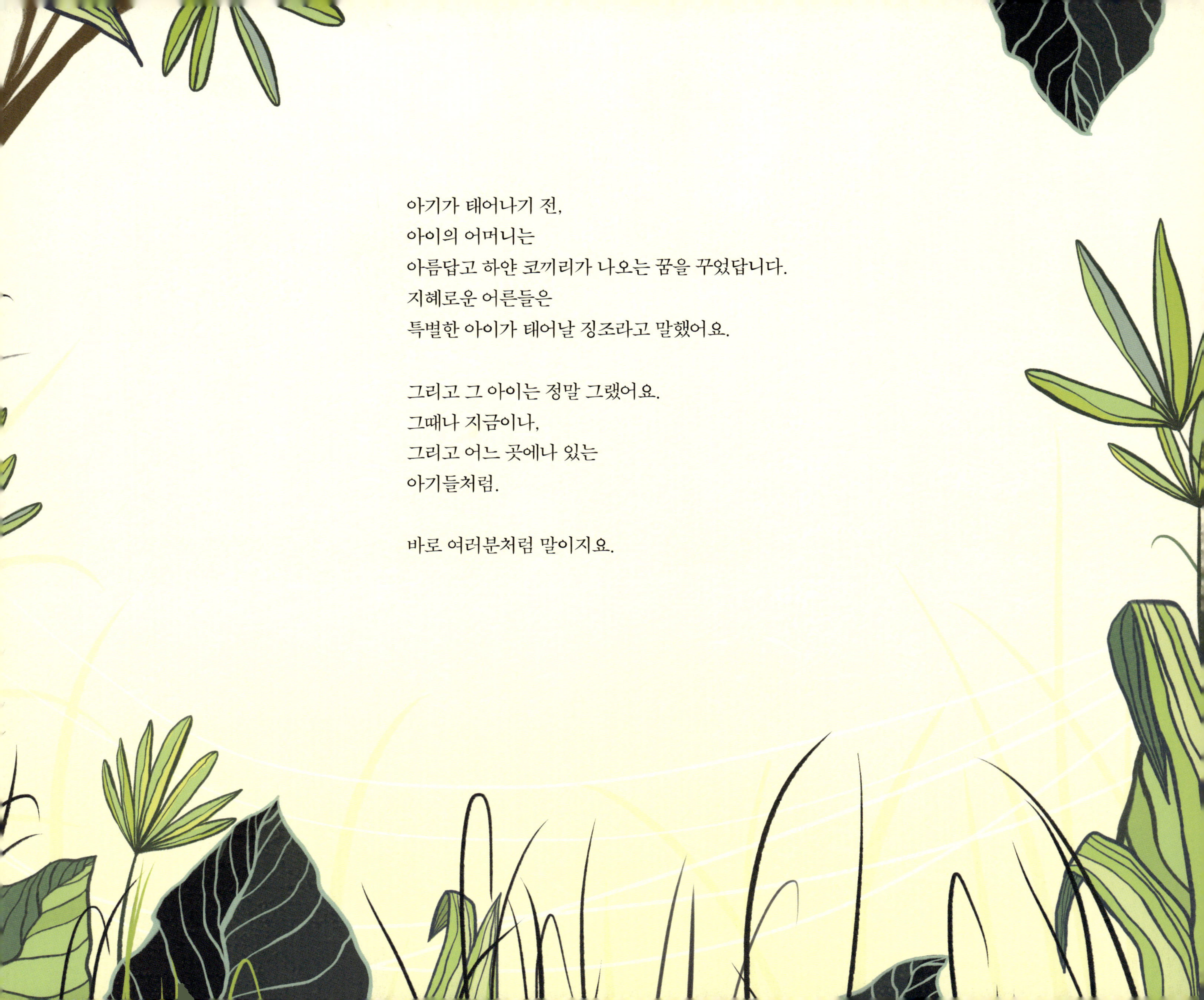

아기가 태어나기 전,
아이의 어머니는
아름답고 하얀 코끼리가 나오는 꿈을 꾸었답니다.
지혜로운 어른들은
특별한 아이가 태어날 징조라고 말했어요.

그리고 그 아이는 정말 그랬어요.
그때나 지금이나,
그리고 어느 곳에나 있는
아기들처럼.

바로 여러분처럼 말이지요.

아기는 착하고 온순한 아이로 자랐어요.

한번은 상처 입은 백조를 보게 되었는데,
다 나을 때까지 정성껏 보살펴주기도 했어요.
덕분에 백조는 하늘로 훨훨 날아갈 수 있게 되었지요.

어린 왕자도
　　날개를 마음껏 펼치고 싶었어요.

하지만 아버지는 이렇게 말했지요.

"네가 있어야 할 곳은 여기야.
바깥세상과 멀리 떨어진 바로 이곳.
그래야 네가 고통스럽거나 슬프지 않도록 지켜줄 수 있단다."

그래서 싯다르타는 풍요롭고 화려한 궁전의 정원 울타리 안에서만 살았어요.
값진 새 옷만 입고 하얗고 멋진 말을 타고 다녔지요.
음식도 가장 맛있는 것만 먹었고요.

하지만 그때나 지금이나, 어느 곳에나 있는 아이들처럼, 그리고 바로 여러분처럼……

세상에 대해 더 알고 싶다는
생각이 간절했어요.

마침내 싯다르타가 청년으로 성장하자,
아버지는 궁전 바깥의 도시로 나가봐도 된다며 허락했답니다.

왕은 신하에게 말했어요.
"시장에 축제를 열어 꽃과 노래, 춤사위가 넘치도록 하게.
내 아들은 행복한 모습만 보아야 하니까 말일세."

하지만 왕자는 호기심을 참을 수 없었어요.
이윽고 여기저기를 살펴보며 돌아다녔지요.
그리고 태어나서 처음으로 고통과 괴로움을 마주하게 되었어요.

먼저 열병으로 아파서 누워 있던 사람에게
물 한 모금을 주었어요.

그다음에는 길을 건너고 있던
등이 굽은 노인을 도와주었고요.

슬픔에 빠져 있던 가족을 위해
고개를 숙이며 함께 슬퍼했답니다.

싯다르타는 마음이 몹시 무거워져서
눈물이 그렁그렁 맺혔어요.
'어떻게 하면 다른 이들을 도울 수 있을까?'
의문이 꼬리에 꼬리를 물고 이어졌지요.

"왕자로써 좋은 일만 하면 된다."
아버지는 고민하며 괴로워하던 아들에게 이렇게 말했어요.
싯다르타는 고개를 저었습니다.

"가장 지혜로운 왕이라 해도
병과 늙음, 죽음을 막을 수는 없어요."
싯다르타가 말했습니다.
"저는 다른 사람들이 좀 더 안락하고 평안하게 살 수 있도록
도울 방법을 찾고 싶어요."

그리하여 그때나 지금이나,
그리고 어느 곳에나 있는,
행복을 찾고자 하는 여느 이들처럼,
왕자는 자신만의 길을 떠났어요.

여러분도 언젠가
그러하겠지만 말이지요.

처음에 싯다르타는
다른 사람에게서 해답을 얻고자 했어요.
오랫동안 머나먼 곳을 돌아다니면서
여러 갈래의 수많은 길들을 따라가기도 했지요.

하지만 여전히 갈피를 잡지 못했어요.
마치 폭풍우가 휘몰아치는 바다에서
이리저리 떠밀려 다니는
작은 배 같았지요.

어느 날,
싯다르타는 거대한 나무 그늘을 보고
마음이 끌렸어요.

순간 가슴이 벅차오르더니
어떤 생각이 떠올랐어요.
'어쩌면 해답은 내 안에 있을지도 모르겠구나.
내게 기쁨을 주는 이 수풀 속에 머물면서
평안의 길을 찾아봐야지.
그러면 나도 다른 사람들에게
가르침을 줄 수 있을 거야.'

그래서 싯다르타는 양반다리를 하고 앉아
눈을 감고 조용히 깊은 명상에 들어갔어요.

여러 날이 흘렀어요.
빗방울이 똑똑 떨어졌지요.
선선한 바람도 불어왔고요.
햇볕도 쨍쨍 내리쬐었어요.

싯다르타는 그대로
가만가만 앉아 있었어요.
하트 모양 잎사귀들이 바스락거리며
비바람과 햇볕을 막아주었지요.

하루는 수자타라는 여인이 그 곁을 지나며 생각했어요.
'저기 계신 분, 배가 많이 고파 보이는구나.'

수자타는 싯다르타에게 달콤한 우유와 밥을 가져다주었어요.
그리고 상냥하게 말했지요.
"이 선물을 받아 주세요. 배가 고프시다면 마땅히 드셔야지요."

싯다르타는 그 음식을 받아 들고 마음껏 먹었습니다.
밥과 우유가 얼마나 따뜻하고 달콤하던지요!

"고맙습니다."
싯다르타가 말했습니다.

별이 밝게 빛나던 어느 맑은 밤,
싯다르타의 마음속으로 파도가 잔잔하게 일렁였습니다.
비로소 왕자는 두려움과 걱정을 모두 내려놓고
부드럽게 숨을 쉬었습니다.
천천히, 그리고 깊게 들이마시고 내쉬고.

이윽고 하트 모양 잎사귀들이
꼼짝 않고 조용해졌습니다.
숨소리조차 들리지 않을 정도로요.
마치 싯다르타의 마음처럼
고요해졌어요.

그러다가
새벽이 찾아오기 직전,
싯다르타는 고개를 들어 올렸습니다.
밝게 빛나는 별 하나가 보였어요.
샛별이었습니다.

바로 그 순간,
오래전 보았던 그 백조처럼
싯다르타는 하늘 위로 훨훨 날아
올라가는 기분이 들었습니다.
자유롭게, 그리고 아주 활기차게 말이에요.
걱정은 모두 저만치로 사라져버렸고,
흩어졌던 모든 것이
서로 딱 맞아떨어진다는 것을 알게 되었어요.
큰 것과 작은 것,
어려움과 쉬움,
기쁨과 슬픔……

모든 것이 이 경이로운 세상의 일부라는 것을요.

옛날 옛날,
저 머나먼 어느 곳에서
한 사내아이가 태어났어요.
아이의 이름은 싯다르타 왕자였지요.

지금 우리는 그 아이를 부처님이라고 부른답니다.
"깨달은 자"라는 뜻이지요.

부처님은 보리수의 하트 모양 잎사귀 아래
홀로 머물지 않았어요.

그 대신 자리에서 일어나 세상 속으로 나아갔지요.
다른 이들에게 평안을 찾을 수 있는 길을 알려주기 위하여……

그때나 지금이나, 어느 곳에나.
그래요, 물론 여러분과 나에게도 말이지요.

우리가 부처님이라고 부르는 고타마 싯다르타는 실제로 존재한 분이었습니다. 하지만 너무 오래전에 살았기 때문에 언제 태어났고, 언제 세상을 떠났는지 정확히 알 수는 없답니다. 역사학자들은 싯다르타가 룸비니에서 태어났을 거라고 생각합니다. 룸비니는 과거에 인도 북부에 해당하는 지역이었지만 지금은 네팔의 영토입니다. 당시 룸비니를 통치하던 숫도다나 왕의 부인이었던 마야 왕비가 기원전 약 623년에 싯다르타를 낳았다고 알려져 있습니다. 부처님오신날 기념식은 보통 4월 8일경에 열립니다.

싯다르타의 어머니는 출산한 지 얼마 되지 않아 세상을 떠났으며, 싯다르타는 아버지와 이모인 마하파자파티의 손에서 자랐습니다. 그때의 일화로는 상처 입은 백조와 우연히 마주했다거나, 병든 사람과 노인, 죽음과 사투를 벌이던 사람들을 만났던 일 등이 있습니다. 또한 싯다르타와 함께했던 아름다운 하얀 말 칸타카는 싯다르타가 영혼의 부름에 답하기 위해 집을 떠나자 너무 슬퍼서 시름시름 앓다가 세상을 떠났다고 합니다.
그 시절의 싯다르타는 '야소다라'라는 사촌과 결혼하여 '라훌라'라는 아들을 두었습니다.

싯다르타는 요가와 수행을 하기 위해 길을 떠났습니다. 금식을 하기도 했지요. 그가 보드가야의 오래된 무화과나무에 다다랐을 때는 깨달음을 얻기 전까지는 일어나지 않으리라 다짐했다고 합니다. 경전에는 수자타가 싯다르타에게 쌀죽에 소나 양의 젖을 넣어 만든 특별한 음식을 가져다주었다는 이야기가 담겨 있습니다.

부처님이 계셨던 시대에 있었던 그 나무(학명: 보리수고무나무)는 이후 보리수로 알려지게 되었습니다.
보리수의 나뭇잎은 아름다운 하트 모양인데 끊임없이 바람에 살랑거리는 것으로 유명합니다.
순례자들은 그 옛날 신성한 나무의 자손으로 여겨지는 나무를 보러 보드가야를 찾아오곤 합니다.

부처님의 가르침을 일컬어 '다르마(달마)'라 부르는데, 주로 마음챙김, 비폭력, 자애에 중점을 둡니다.
'상가'는 불교를 믿는 사람들이 모인 공동체입니다. 전통적으로 내려오는 불교의 가르침으로는 마음챙김 호흡과 명상이 있습니다. 누구나 쉽게 배울 수 있지요.

동화로 만나는 부처님 이야기
보리수 아래

올리버에게 – 데보라 홉킨슨
아빠에게 – 카일리 위트먼

동화로 만나는 부처님 이야기
보리수 아래

2019년 2월 18일 초판 1쇄 발행

지은이 데보라 홉킨슨 • 그린이 카일리 위트먼 • 옮긴이 김미선
발행인 박상근(至弘) • 편집인 류지호 • 상무 이영철
책임편집 이상근 • 편집 김선경, 양동민, 주성원, 김재호, 김소영
디자인 쿠담디자인 • 제작 김명환 • 마케팅 허성국, 김대현, 최창호, 양민호 • 관리 윤정안
펴낸 곳 불광출판사 (03150) 서울시 종로구 우정국로 45-13, 3층
　　　 대표전화 02) 420-3200 편집부 02) 420-3300 팩시밀리 02) 420-3400
　　　 출판등록 제300-2009-130호 (1979. 10. 10.)

ISBN 978-89-7479-495-8 (77220)

값 12,000원

이 도서의 국립중앙도서관 출판예정도서목록(CIP)은 서지정보유통지원시스템 홈페이지(http://seoji.nl.go.kr)와
국가자료공동목록시스템(http://www.nl.go.kr/kolisnet)에서 이용하실 수 있습니다. (CIP제어번호: CIP2019001495)

잘못된 책은 구입하신 서점에서 바꾸어 드립니다.
독자의 의견을 기다립니다. www.bulkwang.co.kr
불광출판사는 (주)불광미디어의 단행본 브랜드입니다.

동화로 만나는 부처님 이야기
보리수 아래
Under the Bodhi Tree
데보라 홉킨슨(Deborah Hopkinson) 지음 | 카일리 위트먼(Kailey Whitman) 그림 | 김미선 옮김
불광출판사

옛날 옛날,
저 머나먼 어느 곳에서
한 사내아이가 태어났어요.

아기의 이름은 싯다르타 왕자였지요.

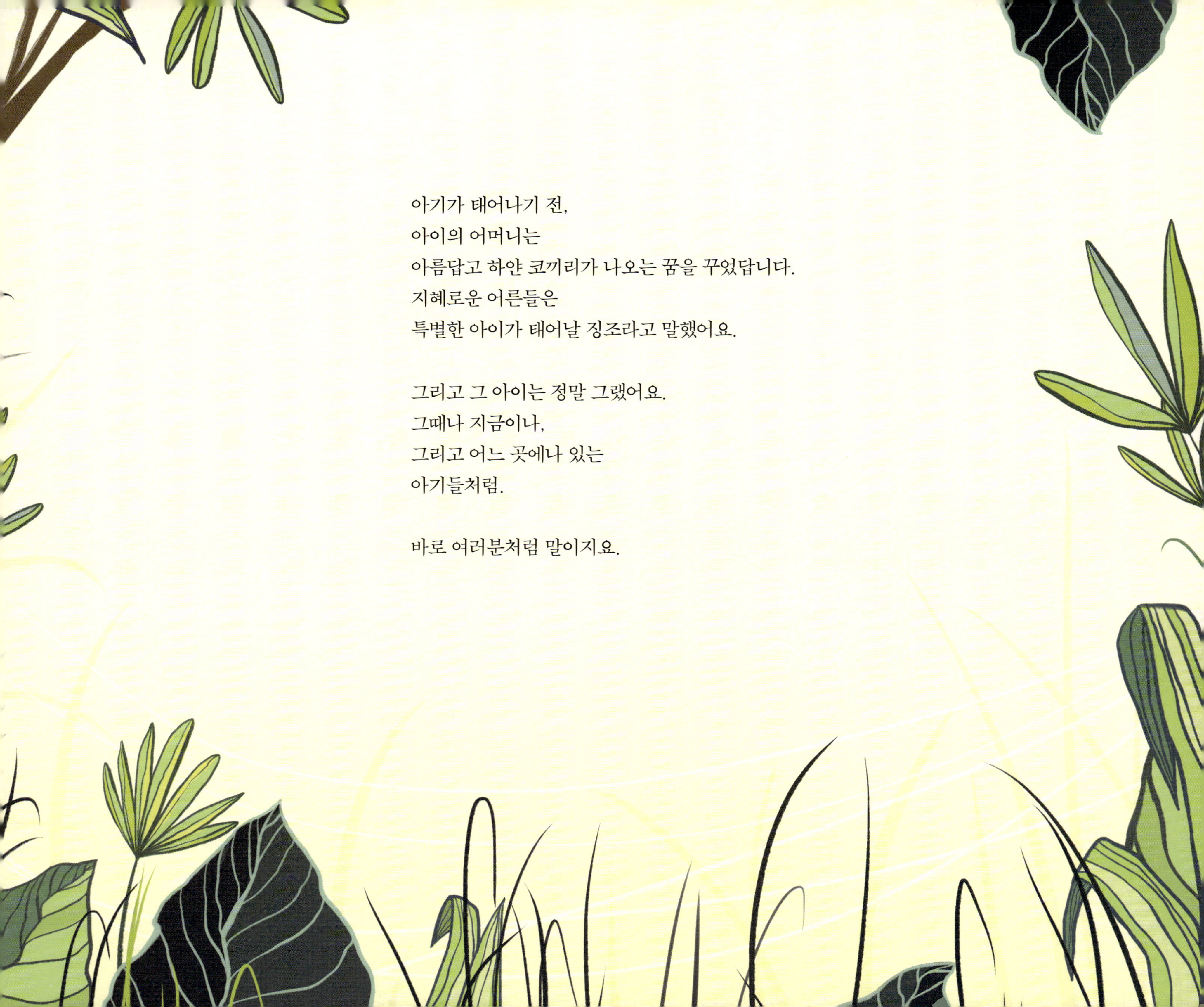

아기가 태어나기 전,
아이의 어머니는
아름답고 하얀 코끼리가 나오는 꿈을 꾸었답니다.
지혜로운 어른들은
특별한 아이가 태어날 징조라고 말했어요.

그리고 그 아이는 정말 그랬어요.
그때나 지금이나,
그리고 어느 곳에나 있는
아기들처럼.

바로 여러분처럼 말이지요.

아기는 착하고 온순한 아이로 자랐어요.

한번은 상처 입은 백조를 보게 되었는데,
다 나을 때까지 정성껏 보살펴주기도 했어요.
덕분에 백조는 하늘로 훨훨 날아갈 수 있게 되었지요.

어린 왕자도
　　날개를 마음껏 펼치고 싶었어요.

하지만 아버지는 이렇게 말했지요.

"네가 있어야 할 곳은 여기야.
바깥세상과 멀리 떨어진 바로 이곳.
그래야 네가 고통스럽거나 슬프지 않도록 지켜줄 수 있단다."

그래서 싯다르타는 풍요롭고 화려한 궁전의 정원 울타리 안에서만 살았어요.
값진 새 옷만 입고 하얗고 멋진 말을 타고 다녔지요.
음식도 가장 맛있는 것만 먹었고요.

하지만 그때나 지금이나, 어느 곳에나 있는 아이들처럼, 그리고 바로 여러분처럼…….

세상에 대해 더 알고 싶다는
생각이 간절했어요.

마침내 싯다르타가 청년으로 성장하자,
아버지는 궁전 바깥의 도시로 나가봐도 된다며 허락했답니다.

왕은 신하에게 말했어요.
"시장에 축제를 열어 꽃과 노래, 춤사위가 넘치도록 하게.
내 아들은 행복한 모습만 보아야 하니까 말일세."

하지만 왕자는 호기심을 참을 수 없었어요.
이윽고 여기저기를 살펴보며 돌아다녔지요.
그리고 태어나서 처음으로 고통과 괴로움을 마주하게 되었어요.

먼저 열병으로 아파서 누워 있던 사람에게
물 한 모금을 주었어요.

그다음에는 길을 건너고 있던
등이 굽은 노인을 도와주었고요.

슬픔에 빠져 있던 가족을 위해
고개를 숙이며 함께 슬퍼했답니다.

싯다르타는 마음이 몹시 무거워져서
눈물이 그렁그렁 맺혔어요.
'어떻게 하면 다른 이들을 도울 수 있을까?'
의문이 꼬리에 꼬리를 물고 이어졌지요.

"왕자로써 좋은 일만 하면 된다."
아버지는 고민하며 괴로워하던 아들에게 이렇게 말했어요.
싯다르타는 고개를 저었습니다.

"가장 지혜로운 왕이라 해도
병과 늙음, 죽음을 막을 수는 없어요."
싯다르타가 말했습니다.
"저는 다른 사람들이 좀 더 안락하고 평안하게 살 수 있도록
도울 방법을 찾고 싶어요."

그리하여 그때나 지금이나,
그리고 어느 곳에나 있는,
행복을 찾고자 하는 여느 이들처럼,
왕자는 자신만의 길을 떠났어요.

여러분도 언젠가
그러하겠지만 말이지요.

처음에 싯다르타는
다른 사람에게서 해답을 얻고자 했어요.
오랫동안 머나먼 곳을 돌아다니면서
여러 갈래의 수많은 길들을 따라가기도 했지요.

하지만 여전히 갈피를 잡지 못했어요.
마치 폭풍우가 휘몰아치는 바다에서
이리저리 떠밀려 다니는
작은 배 같았지요.

어느 날,
싯다르타는 거대한 나무 그늘을 보고
마음이 끌렸어요.

순간 가슴이 벅차오르더니
어떤 생각이 떠올랐어요.
'어쩌면 해답은 내 안에 있을지도 모르겠구나.
내게 기쁨을 주는 이 수풀 속에 머물면서
평안의 길을 찾아봐야지.
그러면 나도 다른 사람들에게
가르침을 줄 수 있을 거야.'

그래서 싯다르타는 양반다리를 하고 앉아
눈을 감고 조용히 깊은 명상에 들어갔어요.

여러 날이 흘렀어요.
빗방울이 뚝뚝 떨어졌지요.
선선한 바람도 불어왔고요.
햇볕도 쨍쨍 내리쬐었어요.

싯다르타는 그대로
가만가만 앉아 있었어요.
하트 모양 잎사귀들이 바스락거리며
비바람과 햇볕을 막아주었지요.

하루는 수자타라는 여인이 그 곁을 지나며 생각했어요.
'저기 계신 분, 배가 많이 고파 보이는구나.'

수자타는 싯다르타에게 달콤한 우유와 밥을 가져다주었어요.
그리고 상냥하게 말했지요.
"이 선물을 받아 주세요. 배가 고프시다면 마땅히 드셔야지요."

싯다르타는 그 음식을 받아 들고 마음껏 먹었습니다.
밥과 우유가 얼마나 따뜻하고 달콤하던지요!

"고맙습니다."
싯다르타가 말했습니다.

별이 밝게 빛나던 어느 맑은 밤,
싯다르타의 마음속으로 파도가 잔잔하게 일렁였습니다.
비로소 왕자는 두려움과 걱정을 모두 내려놓고
부드럽게 숨을 쉬었습니다.
천천히, 그리고 깊게 들이마시고 내쉬고.

이윽고 하트 모양 잎사귀들이
꼼짝 않고 조용해졌습니다.
숨소리조차 들리지 않을 정도로요.
마치 싯다르타의 마음처럼
고요해졌어요.

그러다가
새벽이 찾아오기 직전,
싯다르타는 고개를 들어 올렸습니다.
밝게 빛나는 별 하나가 보였어요.
샛별이었습니다.

바로 그 순간,
오래전 보았던 그 백조처럼
싯다르타는 하늘 위로 훨훨 날아
올라가는 기분이 들었습니다.
자유롭게, 그리고 아주 활기차게 말이에요.
걱정은 모두 저만치로 사라져버렸고,
흩어졌던 모든 것이
서로 딱 맞아떨어진다는 것을 알게 되었어요.
큰 것과 작은 것,
어려움과 쉬움,
기쁨과 슬픔……

모든 것이 이 경이로운 세상의 일부라는 것을요.

옛날 옛날,
저 머나먼 어느 곳에서
한 사내아이가 태어났어요.
아이의 이름은 싯다르타 왕자였지요.

지금 우리는 그 아이를 부처님이라고 부른답니다.
"깨달은 자"라는 뜻이지요.

부처님은 보리수의 하트 모양 잎사귀 아래
홀로 머물지 않았어요.

그 대신 자리에서 일어나 세상 속으로 나아갔지요.
다른 이들에게 평안을 찾을 수 있는 길을 알려주기 위하여…….

그때나 지금이나, 어느 곳에나.
그래요, 물론 여러분과 나에게도 말이지요.

우리가 부처님이라고 부르는 고타마 싯다르타는 실제로 존재한 분이었습니다. 하지만 너무 오래전에 살았기 때문에 언제 태어났고, 언제 세상을 떠났는지 정확히 알 수는 없답니다. 역사학자들은 싯다르타가 룸비니에서 태어났을 거라고 생각합니다. 룸비니는 과거에 인도 북부에 해당하는 지역이었지만 지금은 네팔의 영토입니다. 당시 룸비니를 통치하던 숫도다나 왕의 부인이었던 마야 왕비가 기원전 약 623년에 싯다르타를 낳았다고 알려져 있습니다. 부처님오신날 기념식은 보통 4월 8일경에 열립니다.

싯다르타의 어머니는 출산한 지 얼마 되지 않아 세상을 떠났으며, 싯다르타는 아버지와 이모인 마하파자파티의 손에서 자랐습니다. 그때의 일화로는 상처 입은 백조와 우연히 마주했다거나, 병든 사람과 노인, 죽음과 사투를 벌이던 사람들을 만났던 일 등이 있습니다. 또한 싯다르타와 함께했던 아름다운 하얀 말 칸타카는 싯다르타가 영혼의 부름에 답하기 위해 집을 떠나자 너무 슬퍼서 시름시름 앓다가 세상을 떠났다고 합니다.
그 시절의 싯다르타는 '야소다라'라는 사촌과 결혼하여 '라훌라'라는 아들을 두었습니다.

싯다르타는 요가와 수행을 하기 위해 길을 떠났습니다. 금식을 하기도 했지요. 그가 보드가야의 오래된 무화과나무에 다다랐을 때는 깨달음을 얻기 전까지는 일어나지 않으리라 다짐했다고 합니다. 경전에는 수자타가 싯다르타에게 쌀죽에 소나 양의 젖을 넣어 만든 특별한 음식을 가져다주었다는 이야기가 담겨 있습니다.

부처님이 계셨던 시대에 있었던 그 나무(학명: 보리수고무나무)는 이후 보리수로 알려지게 되었습니다.
보리수의 나뭇잎은 아름다운 하트 모양인데 끊임없이 바람에 살랑거리는 것으로 유명합니다.
순례자들은 그 옛날 신성한 나무의 자손으로 여겨지는 나무를 보러 보드가야를 찾아오곤 합니다.

부처님의 가르침을 일컬어 '다르마(달마)'라 부르는데, 주로 마음챙김, 비폭력, 자애에 중점을 둡니다.
'상가'는 불교를 믿는 사람들이 모인 공동체입니다. 전통적으로 내려오는 불교의 가르침으로는 마음챙김 호흡과 명상이 있습니다. 누구나 쉽게 배울 수 있지요.